FÉDÉRATION ÉQUESTRE FRANÇAISE

W0370676

Manuel officiel de préparation aux examens fédéraux d'équitation

I

Examens de Bronze

Editions Lavauzelle
B.P. 8 - 87350 Panazol
Tél. 55-31-26-26

Sommaire

I
Connaissances théoriques

1. Position du cavalier

Le cavalier doit être assis d'aplomb,

les **fesses** portant également sur la selle et le plus en avant possible

les **cuisses** descendues, tournées sur leur plat, ne s'allongeant que par leur poids et celui des jambes,

les **genoux** liants,

les **jambes** libres, tombant naturellement,

les **mollets** au contact du cheval,

les **chevilles** souples,

les **pointes des pieds** tombant librement quand le cavalier est sans étriers;

les **talons** plus bas que la pointe des pieds quand le cavalier chausse ses étriers,

le **rein** souple et soutenu pour amortir les réactions du cheval,

le **haut du corps** souple et droit, les **épaules** légèrement effacées,

les **bras** libres, les **coudes** à demi ployés,

les **mains** dans le prolongement de l'**avant-bras,** écartées de 25 cm, les **pouces** en dessus.

la **tête** droite et dégagée des épaules.

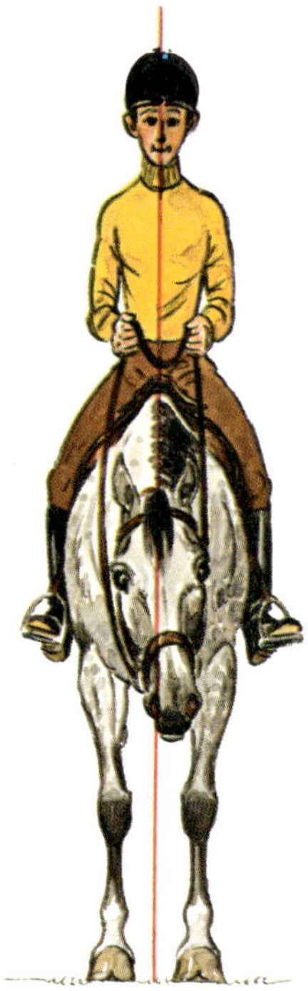

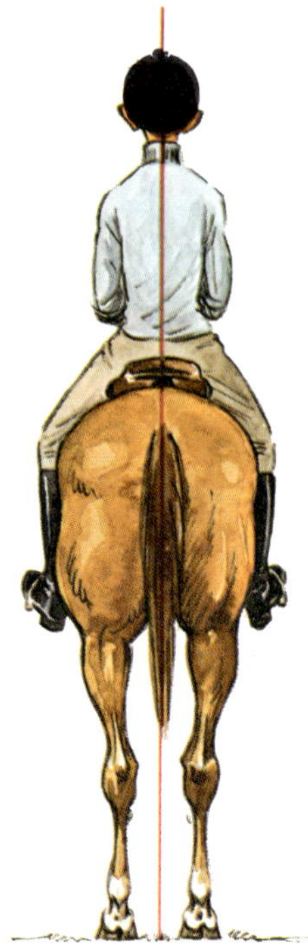

Cette **position** ne pourra être soutenue sans contraction ni fatigue qu'après une certaine adaptation, grâce à la pratique d'une gymnastique préparatoire : les **assouplissements.**

Elle n'est qu'une **attitude de base** qui permettra au cavalier de rester lié à son cheval dans la mesure où il l'adaptera aux différents mouvements ou réactions des allures.
Cette adaptation dépend de trois qualités fondamentales, que le cavalier doit avoir souci de développer :
souplesse - fixité - aisance.

MAL : cavalier assis en arrière,
genoux serrés, jambes en avant,
talons forcés vers le bas,
le dos rond, les mains basculées.

MAL : cavalière assise sur l'enfourchure,
buste incliné en avant,
épaules contractées,
genoux et talons remontés.

L'**assiette** est la qualité qui permet au cavalier de demeurer maître de son équilibre en toutes circonstances, quelles que soient les réactions du cheval.

Une bonne assiette, liante et ferme, assure l'indépendance des mouvements et une complète liberté d'esprit; elle est caractérisée par :

- l'**aplomb** du buste,
- la **souplesse** du rein,
- l'**adhérence** des cuisses,
- la **fixité** des jambes,
- l'**aisance** des épaules, de la tête et des bras.

L'assiette conditionne la fixité des mains et des jambes, donc la possibilité pour le cavalier de faire intervenir ses aides avec : **justesse - mesure -** et **à-propos.**

MAL : le cavalier n'est pas assis d'aplomb, étriers inégaux, épaules inégalement tombantes, il n'est pas en équilibre.

MAL : tête baissée, coudes écartés, genoux ouverts, pointes de pieds sorties "en chapeau de gendarme."

2. Assouplissements

But et mouvements principaux.

Les assouplissements sont des mouvements de gymnastique, qui permettent au cavalier de s'adapter à son cheval, et d'entretenir cette adaptation.

Leur pratique permet de développer les trois qualités fondamentales d'une bonne position : souplesse, fixité et aisance, en recherchant :

- la **décontraction générale,** c'est-à-dire : le relâchement des muscles et des articulations,
- l'**indépendance des différentes parties du corps** entre elles, qui amènera à l'indépendance des aides,
- la **régularité de la position.**

Mise en place de l'assiette : chasser les **fesses** en avant et basculer sur le **bas du dos** en élevant les **cuisses** simultanément ou alternativement.

Assouplissement du rein

flexion et **extension** du rein

rotation du rein

Mise en place de la cuisse :

rotation
pour la mettre
sur son plat

balancements
pour la descendre

Souplesse et liant du genou :
flexion des jambes
alternative ou simultanée

Mise en place de la jambe :
coups de talons
en bas et en arrière

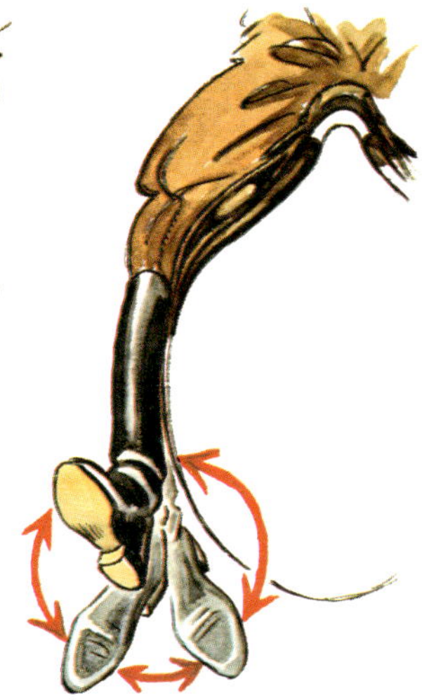

Mise en place et assouplissement du pied :
rotations en tous sens
des pointes de pied

Mise en place du haut du corps :

redressement du **buste**
rotation du buste

redressement et assouplissement des **épaules**
rotation verticale des bras

Assouplissement des épaules et rotation des **poignets.**

Assouplissement des coudes coups de poing dans toutes les directions

Mise en place de la tête rotation, et regarder le plafond.

Pour être efficace et développer l'indépendance des différentes parties du corps, aucun assouplissement ne doit entraîner une autre partie du corps.

Cette indépendance peut être recherchée en combinant différents exercices, ou en les exécutant de façon dissymétrique.

Les assouplissements n'ont de valeur que dans la mesure où ils sont faits correctement et répétés.

Les jeux et **assouplissements récréatifs** contribuent à développer les mêmes qualités.

3. Tenue des rênes de filet

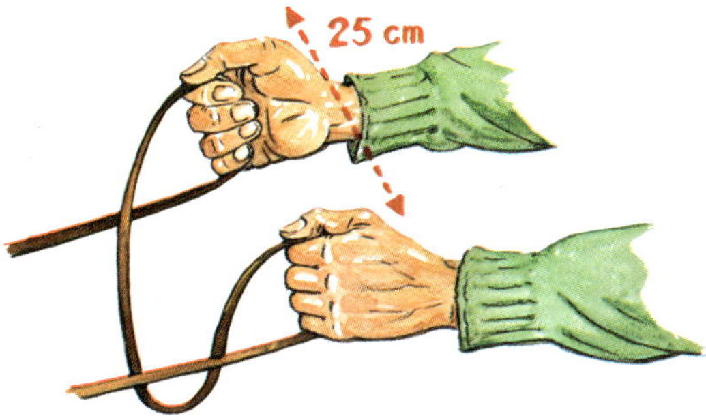

Les rênes dans les deux mains

Les rênes dans la main droite

Les rênes dans la main gauche

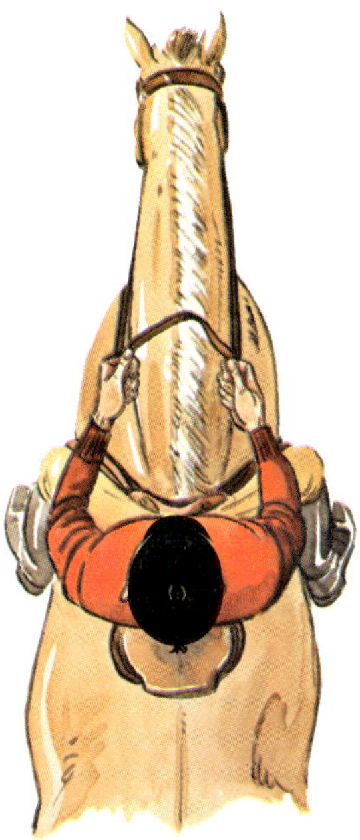

BIEN :
mains dans le prolongement
de l'avant-bras
écartées de 25 cm
les pouces en-dessus.

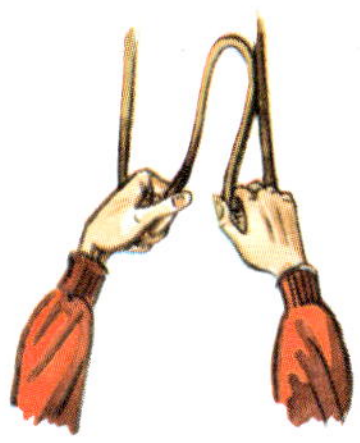

poignets cassés en-dedans

poignets tournés vers le bas

MAL

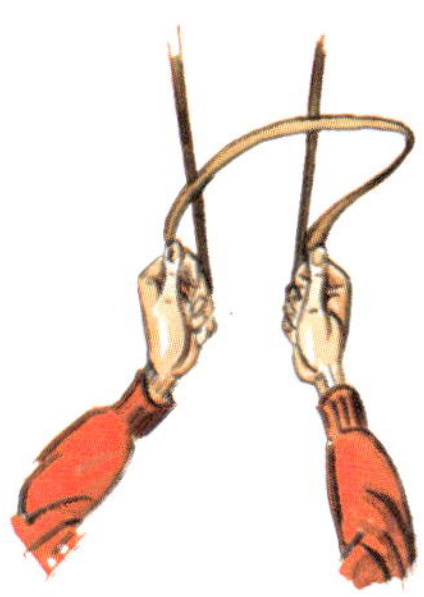

poignets cassés en-dehors

4. Notions sommaires sur les aides

Utilité et emploi

Les aides sont les moyens dont dispose le cavalier pour conduire son cheval.

Il y a des **aides naturelles** : les **jambes,** les **mains,** le **poids du corps** par l'intermédiaire de l'**assiette.**

Et des **aides artificielles** : la cravache, les éperons, etc.

Les aides ont pour **but** de conduire le cheval, c'est-à-dire :

- mettre le cheval en mouvement (jambes) : départ;

- entretenir le mouvement (jambes, poids-assiette) :
maintien de la vitesse et de l'allure;

- augmenter le mouvement (jambes, poids-assiette) :
en allant plus vite,
ou en passant à l'allure supérieure;

- ralentir le mouvement (mains, poids-assiette) :
en allant moins vite,
en passant à l'allure inférieure,
ou en arrêtant;

- diriger le mouvement (mains, jambes, poids-assiette) :
pour tourner à droite ou à gauche.

5. Action des deux jambes Action des deux mains

Départ et arrêt - Variations d'allures

D'une façon générale on peut dire que : les jambes servent à accélérer, les mains servent à ralentir et à changer de direction.

Lorsqu'il veut accélérer, le cavalier **agit**
en exerçant une pression simultanée et égale des deux jambes,
un peu en arrière de la sangle;
si cela ne suffit pas, il répète cette action.

Lorsqu'il veut ralentir, le cavalier **agit** sur la bouche du cheval,
en augmentant la tension des rênes par un serrement des doigts;
si cela ne suffit pas, il insiste
en se redressant et en levant les poignets vers le haut.

Dans tous les cas, dès que le cheval a obéi, le cavalier doit cesser toute action ou résistance, de jambes ou de mains : **il cède.**

6. Accord des aides

Notion de contact

En toutes circonstances, le cavalier doit faire attention à ne pas donner avec ses mains et avec ses jambes des ordres contradictoires.

Ses actions de mains doivent être en accord avec les demandes de ses jambes, et vice versa : c'est l'**accord des aides.**

L'accord des aides ne peut être réalisé que si les demandes qu'elles transmettent peuvent être ressenties par le cheval.

Si les rênes sont flottantes, la fermeture des doigts sur elles ne produira aucun effet.

Si les jambes ne sont pas au contact du cheval, le cavalier ne pourra pas exercer de pression sur son corps.

Il faut donc, avant tout, que le cavalier ait **établi le contact** en ajustant ses aides, c'est-à-dire :
en tendant ses rênes sans tirer sur la bouche du cheval,
en prenant le contact avec le corps du cheval par le bas de ses jambes, sans le serrer.

rênes flottantes,

jambes écartées,

MAL– Il n'y a pas de contact.

7. Tourner

Rêne d'ouverture et rêne d'appui

Pour changer la direction du mouvement produit par les jambes, c'est-à-dire pour tourner, le cavalier se servira d'une main pour indiquer au cheval la nouvelle direction à prendre.

Si le cheval tourne **du même côté** que la main indiquant la direction, le cavalier fait une action de **rêne directe.**

Si le cheval tourne du **côté opposé** à la main indiquant la direction, le cavalier fait une action de **rêne contraire.**

La **rêne directe** est aussi appelée **rêne d'ouverture,** en raison du mouvement que fait la main, comme si elle tournait la poignée d'une porte s'ouvrant vers l'avant et du même côté que la main.

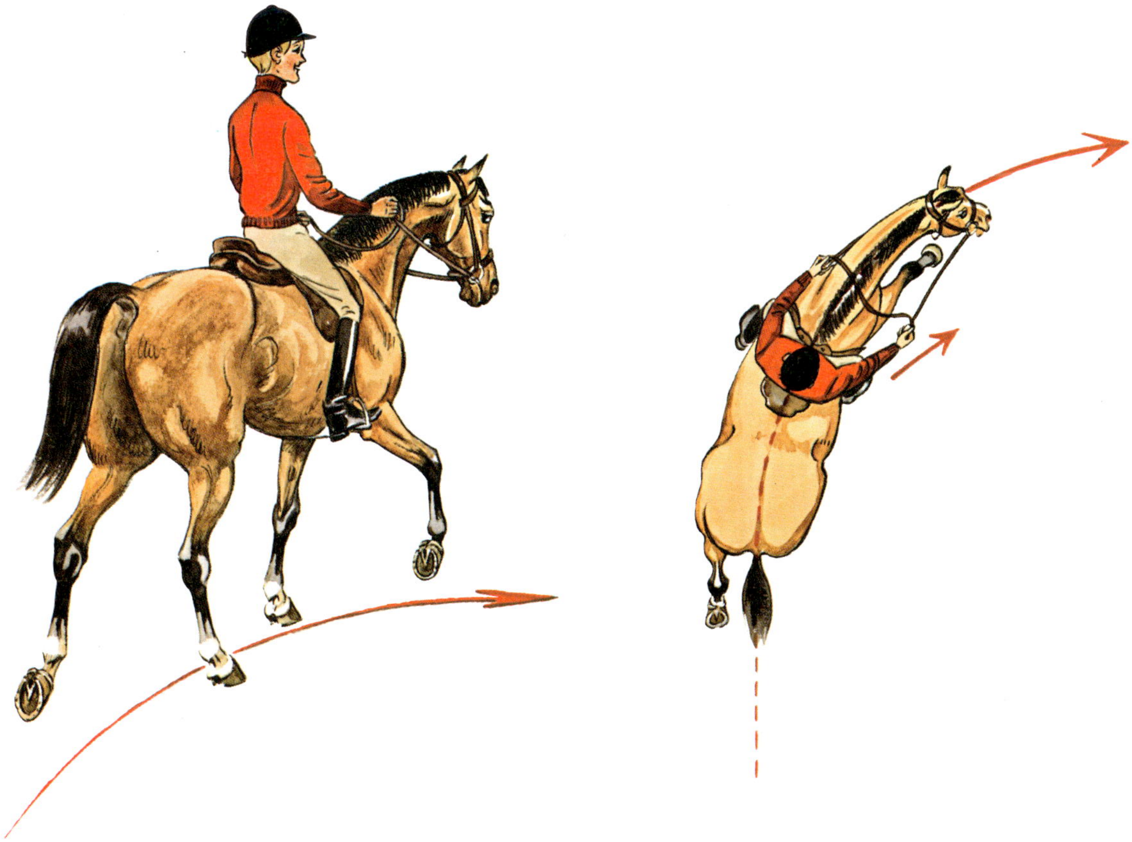

Pour faire une action de rêne d'ouverture, le cavalier porte sa main vers l'avant et du côté où il va, en la tournant ongles en-dessus; normalement le coude ne doit pas s'éloigner du corps du cavalier.

En agissant ainsi, le cavalier amène la tête, puis l'encolure et les épaules du cheval du côté où il va; le cheval tourne de ce côté en avançant, à condition d'entretenir le mouvement en avant avec les jambes.

La **rêne contraire** est aussi appelée **rêne d'appui** parce qu'elle vient s'appuyer sur l'encolure du cheval.

Pour faire une action de rêne d'appui,
le cavalier porte la main opposée à la direction à prendre
dans cette direction et vers l'avant,
en la tournant ongles en-dessus,
jusqu'à ce que la rêne vienne s'appuyer sur l'encolure,
mais sans forcer.

En agissant ainsi, le cavalier **pousse** les épaules du côté où il veut aller,
tout en amenant la tête et l'encolure de l'autre côté;
le cheval tourne ainsi du côté opposé à la main qui agit en avançant,
à condition d'entretenir le mouvement en avant avec les jambes.

Quelle que soit l'action de la main qui agit,
il faut observer les précautions ou règles suivantes :

1 - le changement de direction du mouvement ne peut se faire que s'il y a mouvement,
donc **les jambes** doivent toujours entretenir le mouvement.

2 - la main opposée à celle qui agit, c'est-à-dire celle qui ne conduit pas,
doit veiller à rester **en accord** avec celle qui conduit, c'est-à-dire à ne pas la gêner
ni à la contredire; elle doit suivre le mouvement de l'encolure demandé par l'autre main,
c'est-à-dire "céder"; mais elle doit conserver sa rêne ajustée
pour régulariser le mouvement si le cheval exagérait son tourner.

3- l'action des mains ne doit **jamais** se faire par **traction** vers l'arrière.
S'il en était ainsi, elle s'opposerait au mouvement en avant qui s'éteindrait, et serait en désaccord avec l'action des jambes qui doivent entretenir ce mouvement.

4 - dans un tourner, s'il y en a besoin, le cavalier peut utiliser **le poids de son corps** en le mettant sur la fesse du côté du tourner.

Rêne d'ouverture

Rêne d'appui

8. Trot enlevé

Trotter avec un diagonal ou avec l'autre, pourquoi en changer?

Le trot est une allure à deux temps,
sautée,
par bipèdes diagonaux.

Allure **à deux temps,** parce que chaque foulée est marquée par deux battues.

Allure **sautée,** parce qu'à chaque temps il y a **suspension,**
période pendant laquelle les quatre pieds du cheval sont en l'air.

Par **bipèdes diagonaux,** parce que chaque battue est frappée
par deux membres opposés diagonalement.

Un bipède diagonal, ou "diagonal,"
est l'ensemble de deux membres opposés diagonalement.
Chaque bipède diagonal est désigné par l'antérieur qui en fait partie :

diagonal droit : antérieur droit et postérieur gauche,
diagonal gauche : antérieur gauche et postérieur droit.

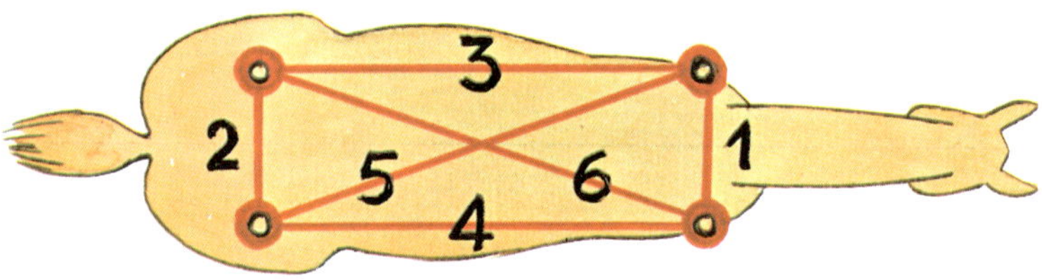

Le cheval a six bipèdes : le bipède antérieur (1), le bipède postérieur (2),
les deux bipèdes latéraux (3 et 4), les deux bipèdes diagonaux (5 et 6).

Au trot, le cavalier peut rester **assis** dans sa selle, ou prendre le **trot enlevé.**

Au trot assis, il reçoit dans son assiette, à chaque foulée de trot,
et amortit par la souplesse de son rein,
les deux réactions produites par la détente des deux bipèdes diagonaux.

Au trot enlevé, il évite une réaction sur deux en se soulevant au-dessus de sa selle
grâce à un appui sur les étriers.

Le cavalier est alors en équilibre au-dessus de ses pieds,
le buste légèrement penché en avant.

Il se laisse soulever en **cédant** à la détente d'un bipède diagonal,
et retrouve le fond de sa selle au temps suivant.

Le cavalier peut donc trotter enlevé de deux façons,
en s'accordant avec l'un ou avec l'autre diagonal.

Lorsqu'il trotte avec le diagonal droit,
il est soulevé quand le diagonal droit est au soutien, c'est-à-dire en l'air,
et il s'assied quand le diagonal droit est à l'appui, c'est-à-dire au sol.

En regardant le mouvement des épaules de son cheval,
ou mieux en le sentant dans son assiette,
le cavalier sait reconnaître avec quel diagonal il s'accorde.

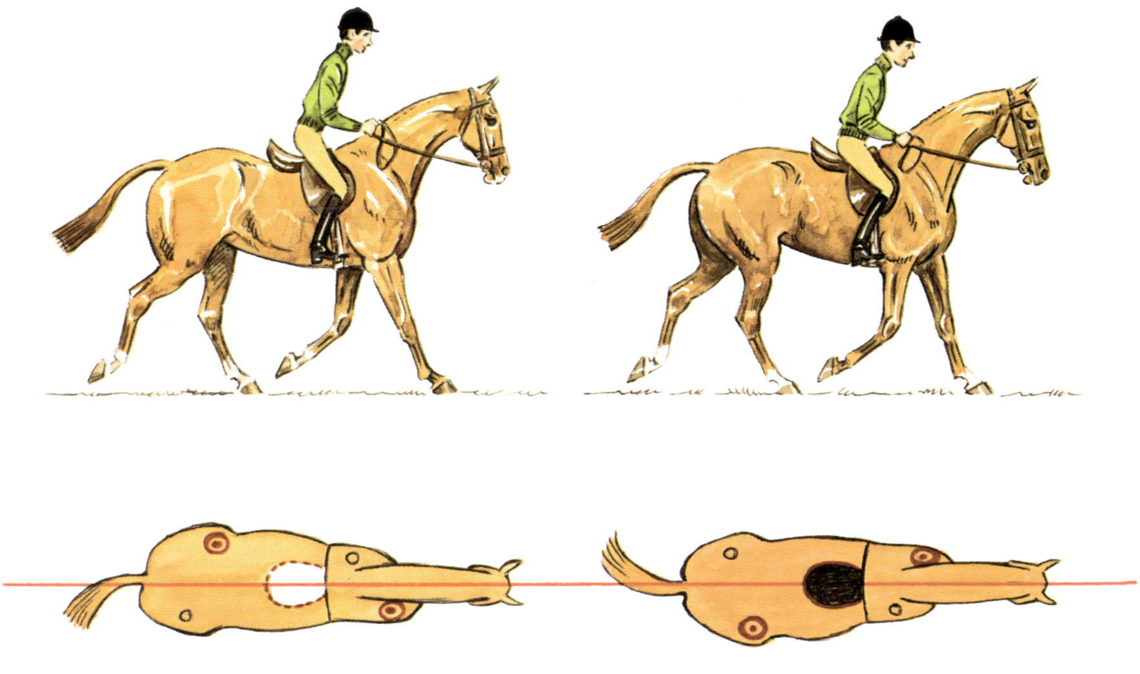

Trot enlevé avec le diagonal gauche

*1 - Le diagonal gauche se lève,
le cavalier est soulevé,
l'épaule gauche est plus en arrière.*

*2 - Le diagonal gauche se pose sur le sol,
le cavalier s'assied,
l'épaule gauche est plus en avant.*

Tout en étant au trot enlevé, le cavalier peut changer de diagonal en restant assis deux battues de suite dans sa selle.

A l'extérieur, il faut changer de diagonal par raison de symétrie et pour ne pas fatiguer toujours le même diagonal.

Au manège ou en carrière, pour des raisons d'équilibre, il faut trotter avec le diagonal extérieur.

A main droite, le cavalier trotte avec le diagonal gauche.

9. Départ au galop

Par allongement du trot sur le cercle

Le galop est une allure à **trois temps, sautée** et **dissymétrique,** dans laquelle l'antérieur et le postérieur du côté du galop, c'est-à-dire le bipède latéral interne, prend de l'avance sur l'autre.

Ainsi dans une foulée de galop à droite, sur le latéral gauche. on voit le latéral droit prendre de l'avance

Au galop à droite, le cheval est naturellement bien équilibré pour tourner à droite.

On peut obliger le cheval à prendre le galop en le déséquilibrant, de la même manière qu'un homme marchant au pas et voulant aller de plus en plus vite au pas, finira par courir pour ne pas tomber quand il aura atteint la vitesse limite de son pas.

Ainsi, le cheval étant au trot, le cavalier lui demande d'aller plus vite : le cheval allonge son trot, puis, lorsqu'il ne peut plus allonger son trot, bien que le cavalier continue à le lui demander, il **rompt son équilibre en prenant le galop** pour ne pas tomber.

C'est ce qu'on appelle partir au galop par **allongement d'allure.**

Pour aider le cheval à partir au galop de cette façon, le cavalier doit trotter enlevé et mettre le cheval dans l'attitude qu'il prend naturellement pour galoper en liberté, c'est-à-dire : **la tête à l'extérieur, les hanches à l'intérieur.**

Pour partir au galop à droite, le cavalier appliquera donc les règles suivantes :

1 - étant à main droite, se mettre au **trot enlevé avec le diagonal droit.**

2 - attirer vers la gauche le bout du nez du cheval, par une **action de rêne gauche.**

3 - le cheval étant ainsi disposé, le pousser dans son trot **avec les deux jambes,** jusqu'à ce qu'il tombe au galop.

Ce départ peut être plus facilement obtenu sur le cercle, ou dans un tournant.

Il existe d'autres façons de partir au galop; nous les étudierons plus tard.

II
Connaissances pratiques

1. Harnachement

Nomenclature, ajustage, précautions à prendre

Le harnachement à l'écurie ne comporte qu'un **licol,** ou un **collier.**

Le harnachement de travail le plus simple comprend **un filet,** et une **selle** complète.

Tout cavalier doit savoir décrire ces harnachements
en désignant leurs différentes parties par leur nom.

Le licol

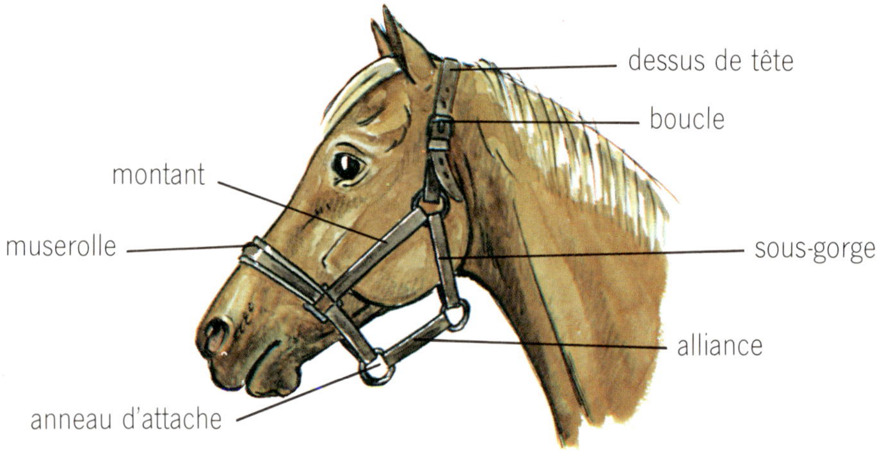

Le filet, appelé aussi **bridon,** comprend des éléments en **cuir,** et des éléments en **acier.**

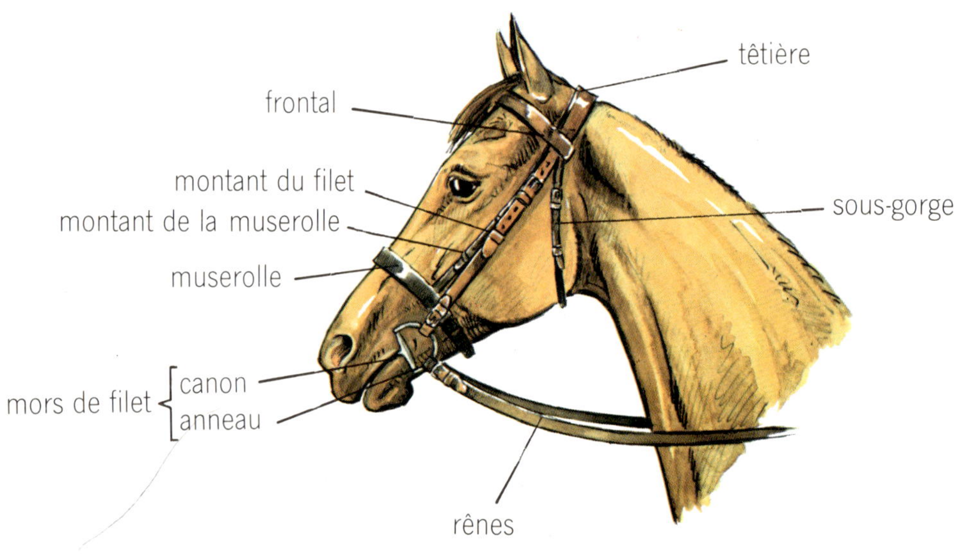

Il existe plusieurs sortes de mors de filet :

filet simple

filet à aiguilles

filet BAUCHER

filet à olives
ou filet CHANTILLY

filet BILLOT

filet VERDUN

La selle, construite autour d'une armature appelée **arçon,** comprend :

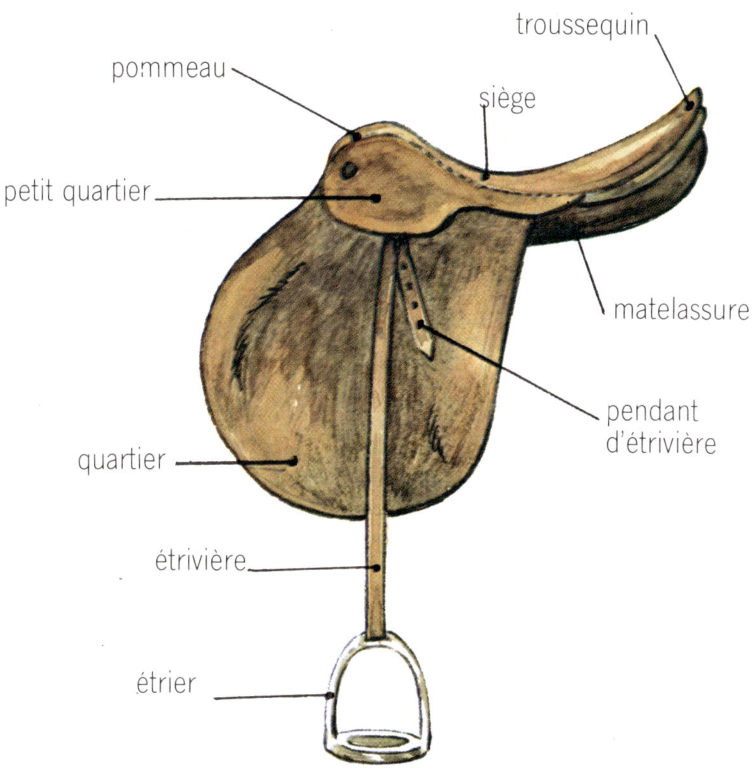

selle anglaise

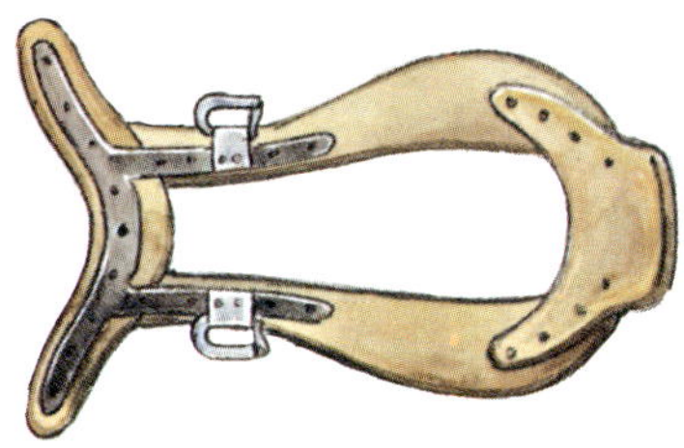

arçon

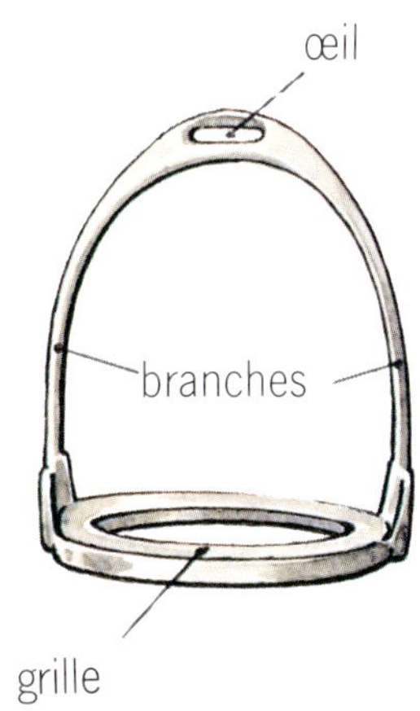

étrier

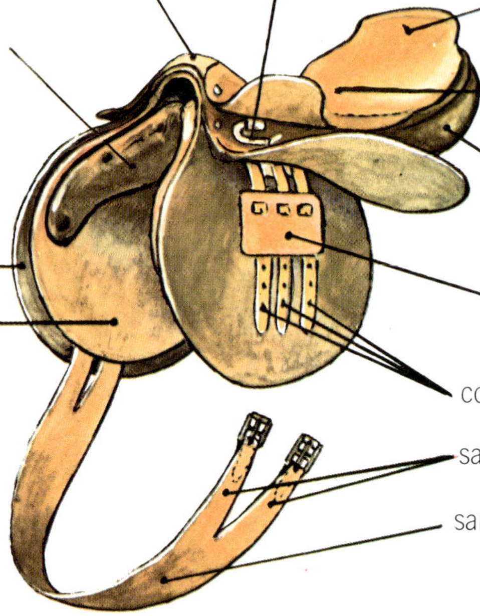

selle Danloux

Précautions à prendre : lorsqu'il selle et bride, le cavalier doit veiller à bien mettre les diverses parties du harnachement **sur leur plat,** sinon il blesserait son cheval, et pourrait le rendre indisponible.

Le cavalier doit aussi entretenir correctement ses harnachements, (savon glycériné, sapo, brecknell) pour conserver aux cuirs leur souplesse. Les cuirs non entretenus se craquèlent et risquent, soit de blesser le cheval, soit de se casser et d'entraîner ainsi un accident plus ou moins grave pour le cavalier.

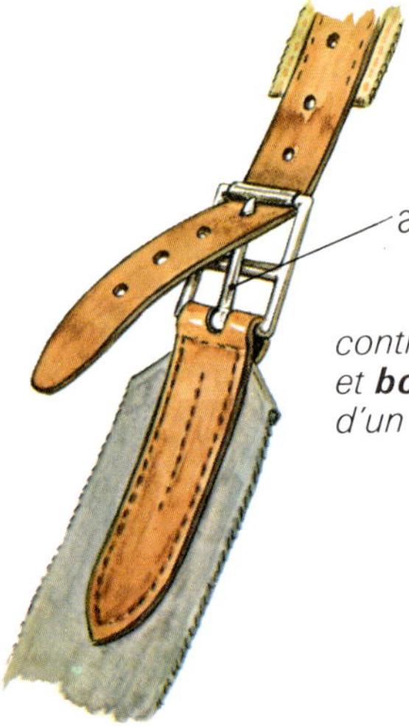

contre-sanglon
*et **boucle***
d'un sanglon

porte-étrivière
*et **boucle***
d'étrivière

2. Aborder un cheval

Pour aborder un cheval, le cavalier doit être prudent.

Il doit d'abord le prévenir, en lui parlant et en l'appelant par son nom. Ensuite il l'aborde franchement, mais sans brusquerie, en se dirigeant vers son épaule et en le caressant.

Il est dangereux de lui mettre la main sur la croupe avant d'avoir pris ces précautions : le cheval pourrait donner un coup de pied par surprise et non par méchanceté.

En règle générale, on doit aborder le cheval par le côté gauche, ou côté montoir, mais il est bon de l'habituer à être abordé des deux côtés.

3. Mettre un licol

Le licol est un moyen d'attache utilisé à l'écurie
pour faire le pansage,
pour promener un cheval, ou l'attacher à l'extérieur.

Pour mettre un licol, le cavalier le prend par la muserolle
avec la main gauche au bas du montant gauche,
et par le haut du montant droit avec la main droite.

Il engage le nez du cheval dans la muserolle,
remonte la main gauche le long du montant gauche jusqu'à la boucle.

Avec la main droite, il passe l'extrémité du dessus de tête
par la droite au-dessus de la nuque et la saisit avec la main gauche.

Il passe la main droite à gauche de l'encolure et boucle le dessus de tête du licol,
sans trop serrer pour ne pas gêner la respiration, ni blesser,
mais suffisamment pour que le cheval ne puisse pas se dégager.

4. Attacher et détacher un cheval

Qu'il soit en box, en stalle, au cantonnement ou à l'extérieur, le cheval ne doit être attaché que :

- à l'aide d'un **licol** ou d'un **collier d'attache,**
- par une **chaîne,** à té ou à mousqueton, ou une **corde-longe,** nouée ou coulissante grâce à un contre-poids,
- à un **anneau** scellé au mur (box) ou à la mangeoire (stalle), ou à une **tringle** glissoire (stalle), ou à une grosse **corde** tendue (cantonnement), ou à un **baliveau** flexible (extérieur).

En cas de nécessité, tout moyen de fortune ne sera utilisé qu'avec circonspection.

licol, corde coulissante et billot.

collier d'attache, chaîne et tringle-glissoire.

nœud d'attache

5. Mettre et enlever un filet

Le cavalier aborde le cheval à gauche, déboucle son licol, et après avoir dégagé son nez de la muserolle, il le reboucle autour de l'encolure, pour maintenir le cheval attaché.

Il prend avec la main gauche la têtière du filet, de façon que le frontal reste du côté de son coude.

Avec la main droite, il passe les rênes sur l'encolure, et engage son épaule droite sous la gorge du cheval.

1

2

ou 2 bis

Il porte la têtière du filet à hauteur du front du cheval, la saisit avec la main droite; ou bien saisit les deux montants.

Il glisse la main gauche sur le chanfrein, prend le mors et le présente; en passant un doigt entre les lèvres pour appuyer sur les barres, la bouche s'ouvre tandis que la main droite remonte aussitôt le mors.

Il passe la têtière par dessus les oreilles, l'ajuste des deux mains; il règle la hauteur du frontal et passe le toupet.

Il ajuste le mors en règlant les montants, pour qu'il soit au contact avec la commissure des lèvres, sans la comprimer : trop long, le mors risque de heurter les dents, et de provoquer de la douleur

Il ajuste la muserolle s'il y en a une, deux doigts en-dessous de l'arête zygomatique, sans serrer les ganaches, ou en avant des canons du filet, pour la muserolle allemande.

muserolle simple

muserolle allemande

Il boucle la sous-gorge, à plat, sans la serrer.
De face, il vérifie que la muserolle et le frontal sont horizontaux.
Il fixe toutes les boucles et met les passants. Enfin, il déboucle le licol et caresse son cheval.

Avant d'enlever le filet, le cavalier prend la précaution de boucler le licol autour de l'encolure.

Il défait les boucles de la sous-gorge et de la muserolle, et engage l'épaule droite sous la tête du cheval.

Avec les deux mains il fait passer la têtière en avant des oreilles, le cheval ouvre la bouche pour lâcher son mors.

Le cavalier place la têtière dans la saignée du bras gauche et caresse son cheval après lui avoir remis son licol.

6. Seller - Desseller

Avant de seller, le cavalier brosse soigneusement le cheval, passe la main sur son dos à l'emplacement de la selle pour s'assurer qu'il n'y a aucun corps étranger et éviter ainsi des blessures qui rendent le cheval indisponible.

Il remonte les étriers le long des étrivières, relève la sangle sur le siège ou en avant du pommeau, puis prend la selle à deux mains : la droite au troussequin, la gauche au pommeau, avec la sangle.

Il pose doucement la selle sur le dos du cheval, en avant de sa place normale, puis la fait glisser en arrière en lissant le poil jusqu'à ce qu'elle soit d'aplomb et dégage bien le garrot et les épaules.

Il se porte à droite du cheval en passant sous l'encolure pour vérifier que les quartiers ne sont pas repliés, que la sangle est bien à plat après l'avoir abaissée, et revient à gauche.

Il saisit la sangle sous le corps du cheval, la passe une main en arrière des coudes et sangle légèrement; il ne ressanglera qu'au moment de monter à cheval pour que la selle ne tourne pas.

A cheval et après avoir ressanglé, il vérifie que la selle ne porte pas sur le garrot : s'il y a contact, ou si l'espace est insuffisant, il démonte pour glisser un pad , mettre un tapis ou changer de selle.

Pour desseller, le cavalier remonte d'abord les étriers, dessangle à gauche et passe à droite pour relever la sangle.

Il fait glisser la selle en arrière pour dégager le garrot, puis avec les deux mains il l'enlève en la basculant sur le côté et la place sur l'avant-bras gauche, dans la saignée du coude, pour la porter facilement.

poser la selle
en avant
de sa place normale
puis la faire glisser
en arrière...

vérifier à droite
que les quartiers
et la sangle
sont bien à plat...

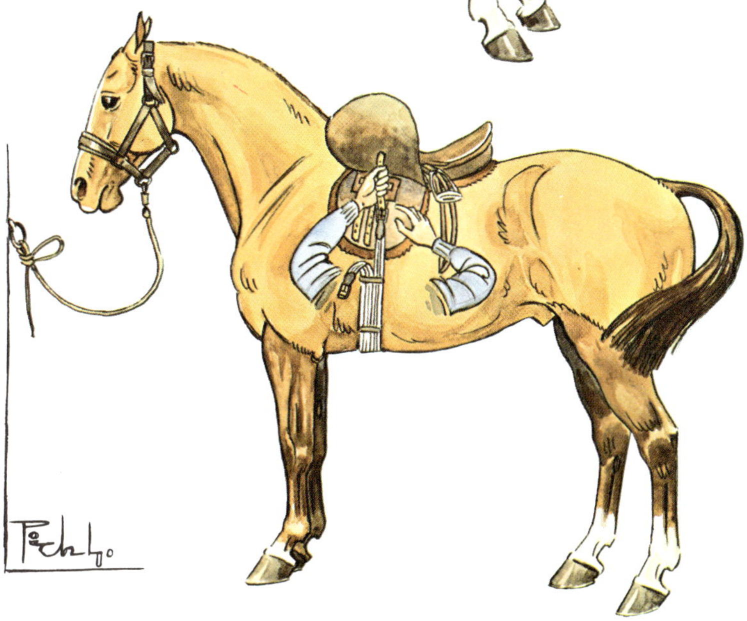

sangler légèrement
à une main
en arrière des coudes...

7. Amener son cheval sur le terrain

Le cavalier amène son cheval sur le terrain
en tenant les rênes de filet avec la main droite, à 15 centimètres de la bouche du cheval,
les ongles en-dessous, l'index entre les deux rênes,
la main haute et ferme si le cheval bondit;
la main gauche tient l'extrémité des rênes de filet.

Il place son cheval droit, c'est-à-dire d'aplomb sur ses quatre membres,
la tête, l'encolure et le corps dans la même direction.

Puis il passe les rênes sur l'encolure, se place du côté montoir à hauteur des ganaches,
tenant les rênes dans la main droite à 15 cm de la bouche du cheval,
les ongles en-dessous, l'index entre les deux rênes.

Il est recommandé de ne jamais regarder le cheval en marchant à côté de lui.

8. Monter à cheval et mettre pied à terre

Avant de monter à cheval, le cavalier vérifie le sanglage et abaisse ses étriers.

Il ajuste approximativement ses étriers en comparant leur longueur à celle de son bras : poing fermé sur la boucle de l'étrivière, il règle la longueur de celle-ci de façon que, en la tendant, il amène la semelle de l'étrier dans le creux de son aisselle.

Face à l'épaule gauche du cheval, il ajuste ses rênes à plat dans la main gauche et sur le bord supérieur de l'encolure, la rêne droite légèrement plus courte que la gauche pour empêcher le cheval de porter ses hanches à droite, ou de mordre son cavalier au moment où celui-ci se mettra en selle.

Il saisit la branche arrière de l'étrier gauche avec la main droite, engage le pied gauche à fond dans l'étrier, la pointe du pied contre la sangle pour éviter une défense.

Il se rapproche du cheval, genou plié et appuyé contre la selle, et place sa main droite sur le troussequin, ou le pommeau.

Il prend une battue du pied droit et s'enlève sur l'étrier gauche, en s'aidant d'une légère traction des deux bras.

Il incline légèrement le haut du corps vers l'avant pour empêcher la selle de tourner, et rapporte le pied droit à côté du gauche.

Puis, la main droite sur le pommeau, il penche le corps à gauche pour passer la jambe droite par-dessus la croupe, et se met légèrement en selle.

Il ajuste ses rênes et chausse l'étrier droit; la branche avant de l'étrier tournée vers l'extérieur, pour que l'étrivière se trouve sur son plat.

Pour mettre pied à terre, le cavalier ajuste ses rênes à plat dans la main gauche et sur le bord supérieur de l'encolure.

Il déchausse l'étrier droit et place la main droite sur le pommeau, puis s'enlève sur l'étrier gauche et les deux bras pour passer la jambe droite par-dessus la croupe, sans la toucher, en pliant un peu le genou.

Il rapporte le pied droit à côté du gauche, genoux contre la selle, le haut du corps légèrement incliné vers l'avant.

Il descend à terre en posant d'abord le pied droit, puis le pied gauche, après avoir déchaussé l'étrier gauche; ou bien, après avoir déchaussé les deux étriers en même temps, il se laisse glisser au sol à pieds joints.

Il fait face en avant, reprend les deux rênes avec la main droite à 15 centimètres de l'encolure, séparées par l'index.

Le cavalier ne doit jamais mettre pied à terre en passant la jambe droite par dessus l'encolure car le cheval pourrait lever la tête en même temps, et provoquer un grave accident.

Il est bon que le cavalier s'exerce à monter à cheval et à mettre pied à terre du côté hors-montoir, c'est-à-dire à droite.

9. Lever les pieds Curer les pieds

Pour lever l'antérieur gauche, le cavalier aborde son cheval en le caressant sur l'encolure et l'épaule gauche.

Il fait glisser sa main droite jusqu'au canon, et pousse de l'épaule gauche celle du cheval pour porter du poids sur l'antérieur droit.

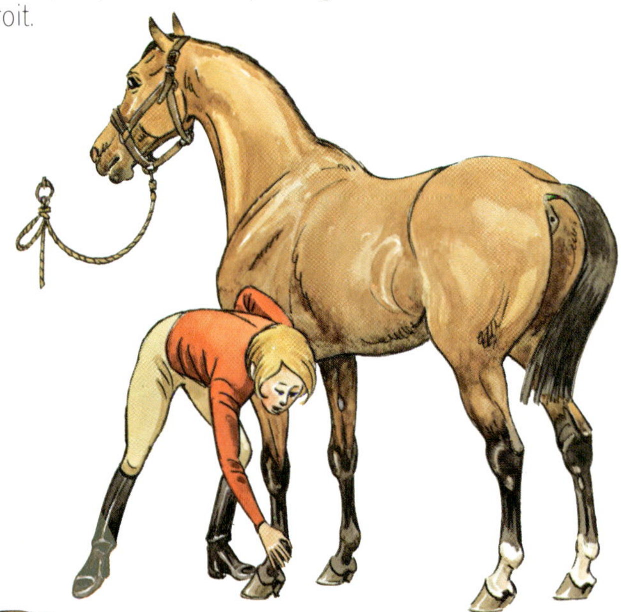

Il empoigne le boulet avec sa main droite et soulève le pied, puis il fait face vers l'arrière et passe sa main gauche à l'intérieur pour tenir le sabot.

Il appuie le genou du cheval le long de sa cuisse et peut alors utiliser sa main droite pour curer le pied.

Pour lever le postérieur gauche, le cavalier aborde son cheval en le caressant sur le corps avec la main droite, puis sur la croupe qu'il pousse de l'épaule gauche pour porter du poids sur le postérieur droit.

Il fait face en arrière et saisit la queue avec la main gauche tandis que sa main droite renversée descend le long du canon, empoigne le boulet et soulève le pied.

Il avance son genou gauche pour y appuyer le membre du cheval, lâche la queue, et maintient le sabot avec sa main gauche pour curer le pied avec la main droite.

Pour lever les membres droits, le cavalier fait les gestes inverses, mais maintient les pieds levés avec sa main gauche, pour les curer avec la main droite.

Pour curer les pieds, le cavalier utilise un cure-pieds : lame de fer recourbée emmanchée à la taille de la main.

Il dégage d'abord les lacunes latérales, d'arrière vers l'avant, puis la sole en passant le long de la rive interne du fer, enfin la lacune médiane de la fourchette.

Il veille à ne pas manier le cure-pieds avec trop de vigueur, pour ne pas contusionner les parties internes et vivantes du pied.

Les pieds doivent être curés avant et après le travail.

III
Hippologie

1. Description des diverses parties du corps spécialement des membres

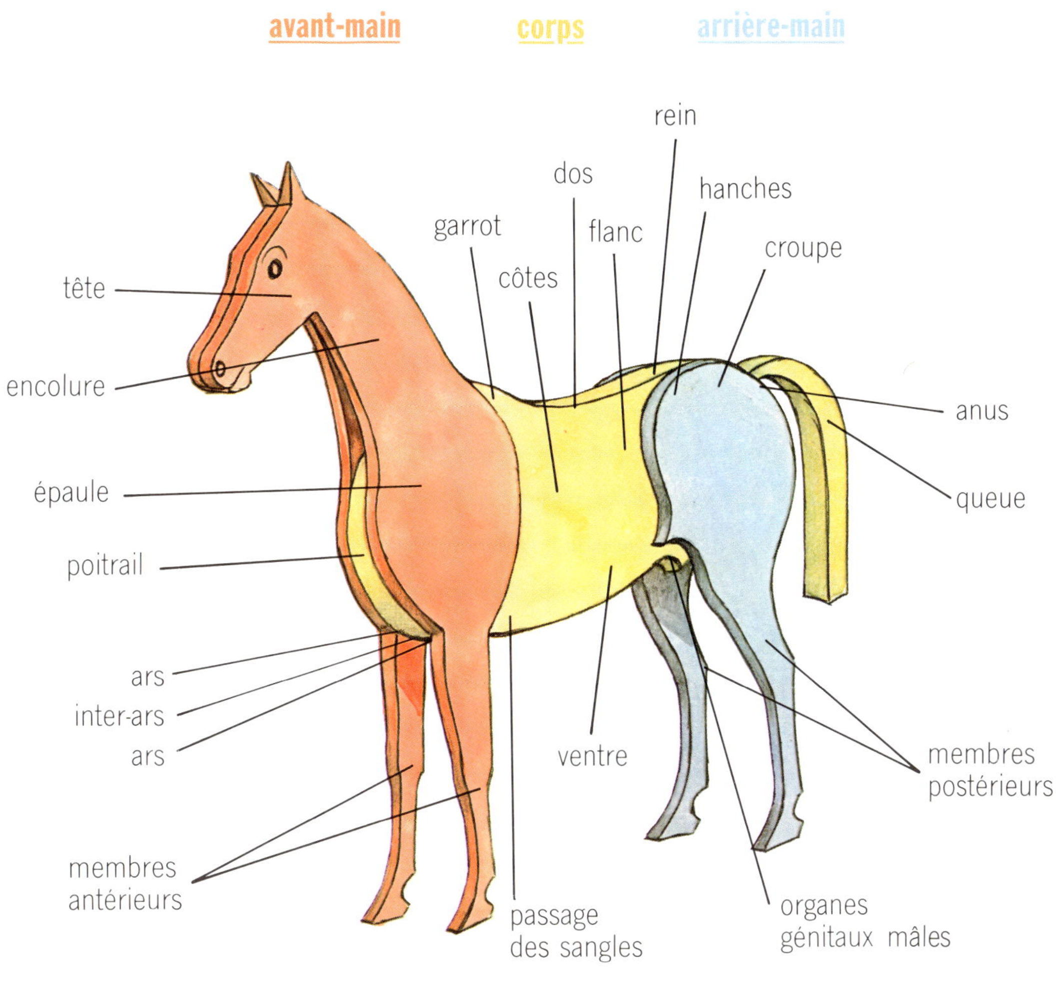

La tête

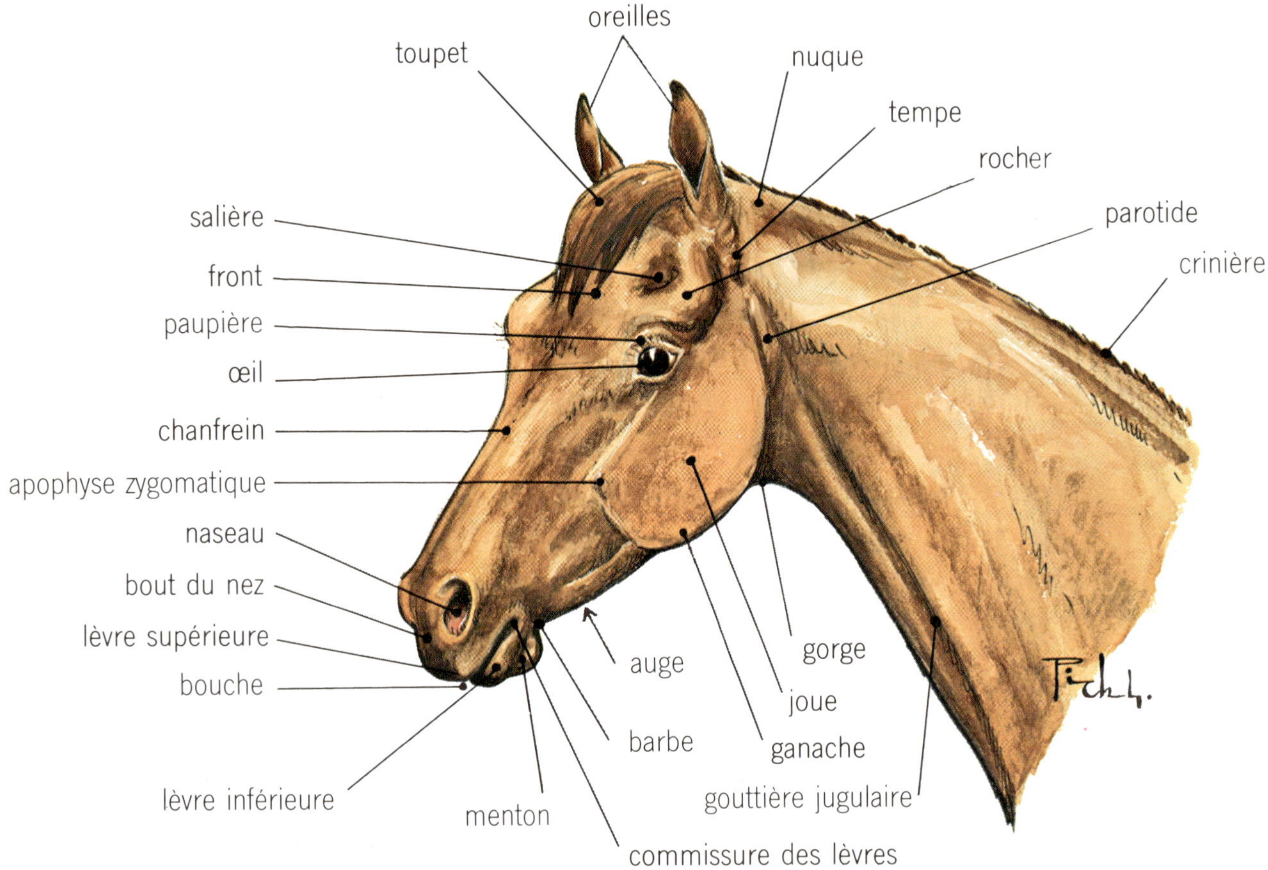

Partie supérieure : nuque - oreilles - toupet.

Partie antérieure : front - chanfrein - bout du nez.

Parties latérales : parotides - tempes - salières - yeux - joues - naseaux.

Partie postérieure : gorge - auge - ganaches - barbe - menton.

Partie inférieure : bouche - lèvre supérieure - lèvre inférieure - commissures des lèvres - et à l'intérieur de la bouche : dents - gencives - barres - langue - canal - palais.

Les membres

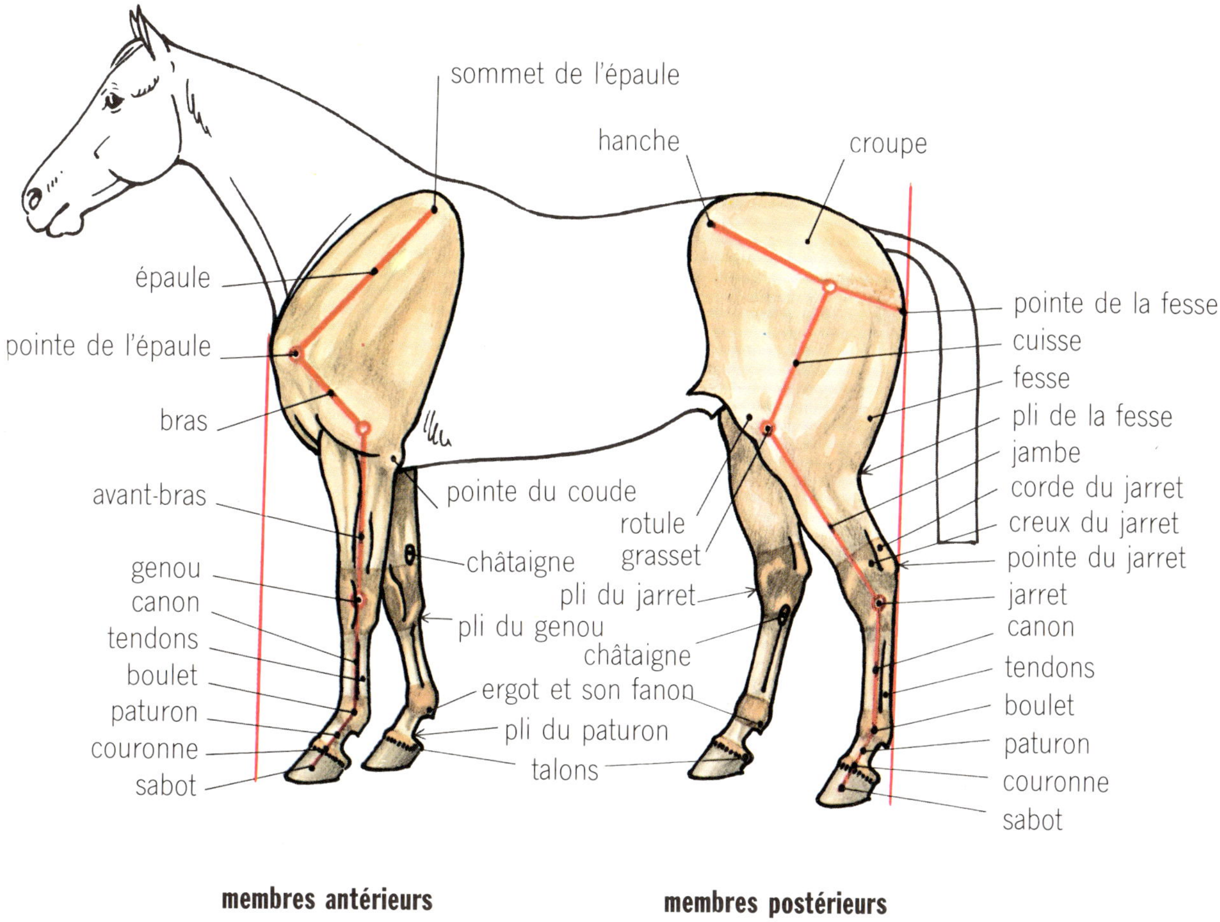

sommet de l'épaule
hanche
croupe
épaule
pointe de l'épaule
bras
avant-bras
genou
canon
tendons
boulet
paturon
couronne
sabot
pointe du coude
châtaigne
pli du genou
ergot et son fanon
pli du paturon
talons
rotule
grasset
pli du jarret
châtaigne
pointe de la fesse
cuisse
fesse
pli de la fesse
jambe
corde du jarret
creux du jarret
pointe du jarret
jarret
canon
tendons
boulet
paturon
couronne
sabot
membres antérieurs
membres postérieurs

2. Les robes

ROBES SIMPLES
une seule couleur

Blanc
poils, crins, extrémités : blancs
Rare – beaucoup de chevaux semblent blancs qui sont gris très clair.

Alezan
poils, crins, extrémités : marron ou fauve
Très fréquent – plus ou moins clair ou foncé.

Noir
poils, crins, extrémités : noirs
Rare – beaucoup de chevaux semblent noirs qui sont bai-bruns.

Café-au-lait
poils, crins, extrémités : café-au-lait
Rare – se rapproche de l'alezan clair.
Le palomino est un café-au-lait à crins lavés.

ROBES COMPOSÉES
1 – deux couleurs séparées

Bai
poils : alezan
crins, extrémités : noirs
Très fréquent – va du bai clair au bai foncé et bai-brun.

Isabelle
poils : café-au-lait
crins, extrémités : noirs
Rare – se rapproche du bai clair.

Souris
poils : gris uni
crins, extrémités : noirs
Très rare – le gris est uniforme sans mélange de poils blancs et noirs.

2 – deux couleurs mélangées

Gris
poils, crins, extrémités : blancs et noirs
Fréquent – chez les chevaux de selle, et chez les chevaux de trait Percherons et Boulonnais. (Parfois presque blanc).

Aubère
poils, crins, extrémités : blancs et alezan
Fréquent – chez les chevaux de trait Bretons.

Louvet
poils, crins, extrémités : alezan et noirs
Très rare – comme le pelage du loup.

3 – trois couleurs

Rouan
poils, crins, extrémités : blancs, alezan et noirs
Fréquent – chez les chevaux de trait Ardennais.

4 – deux robes

Pie
la robe est blanche,
avec des tâches de couleur alezan,
ou noire,
ou baie.
Rare – sauf chez les poneys.

Notes : Le poil est sujet à une mue saisonnière, au printemps et à l'automne.
Les crins n'ont pas de mue, ils poussent de façon continue.
En hiver, la robe est généralement plus foncée qu'en été.

Les robes

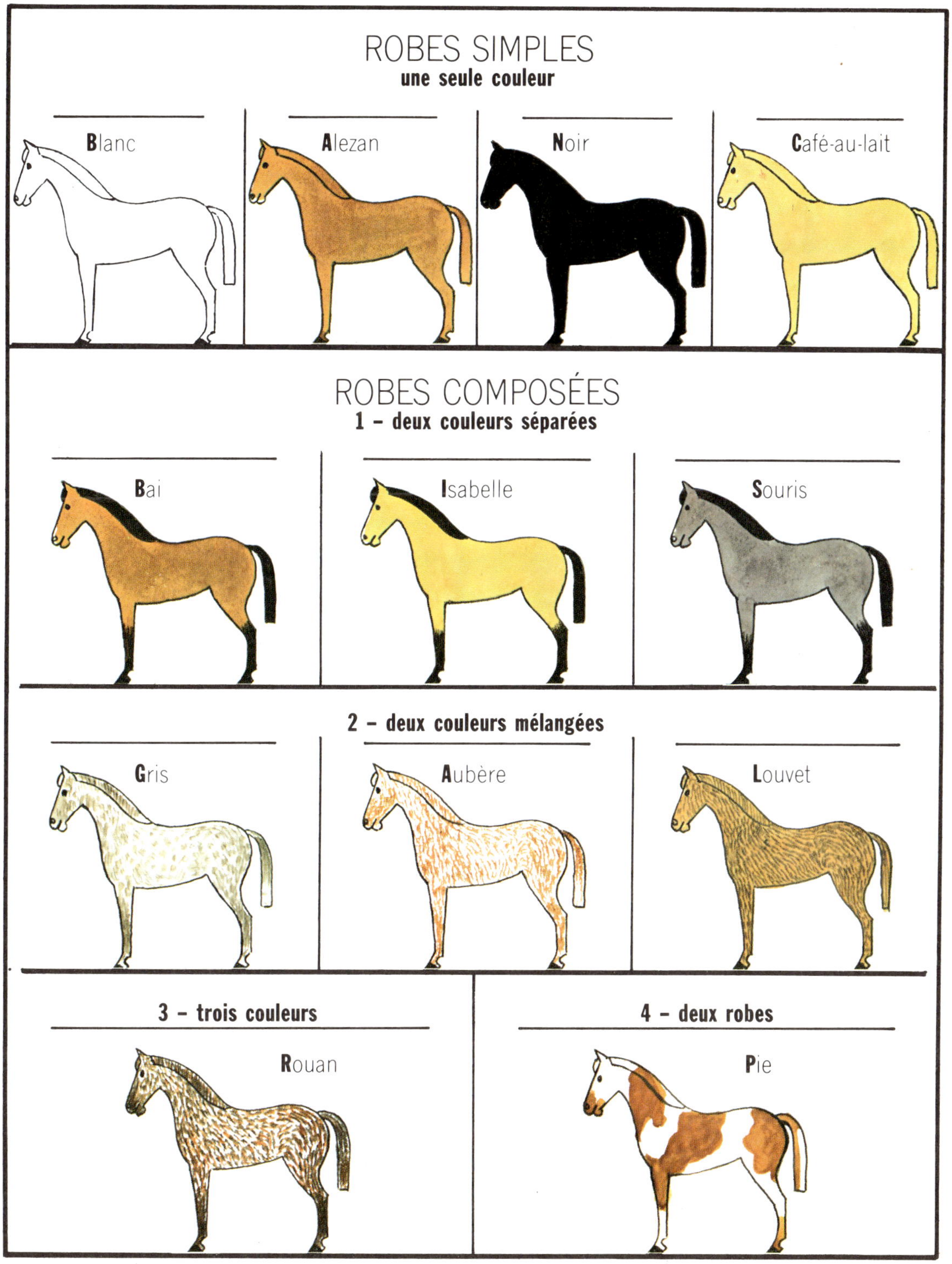

B.A.N.C.-B.I.S.-G.A.L.-R.-P.

Marques blanches sur la tête

Marques **en tête** sur le front, et **listes** sur le chanfrein.

alezan doré
quelques poils
en tête

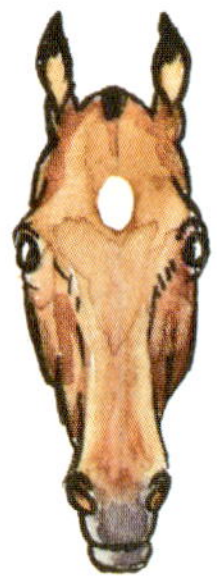

bai cerise
pelote
en tête

aubère
en tête
prolongé
par fine liste

rouan
fortement en tête
liste déviée
à droite

alezan brûlé
en tête
irrégulier
à droite

bai brun
liste
interrompue
et mélangée

bai marron
en tête bordé
en losange

alezan clair
qui boit
dans son blanc

cheval rouan
belle-face

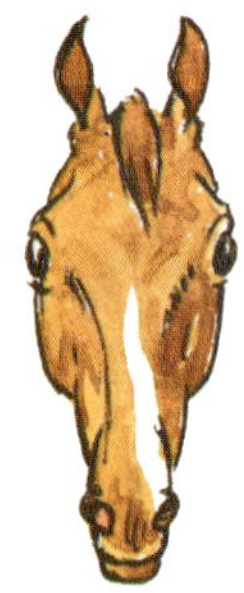

alezan cuivré
liste déviée
dans le naseau gauche

Marques blanches sur les membres

Les **balzanes** varient selon leur **nombre,** leur **hauteur** et leur **forme.**

Une balzane : droite ou gauche, antérieure ou postérieure.
Deux balzanes : antérieures, postérieures, latérales ou diagonales.
Trois balzanes : dont une antérieure ou postérieure droite ou gauche.
Quatre balzanes...

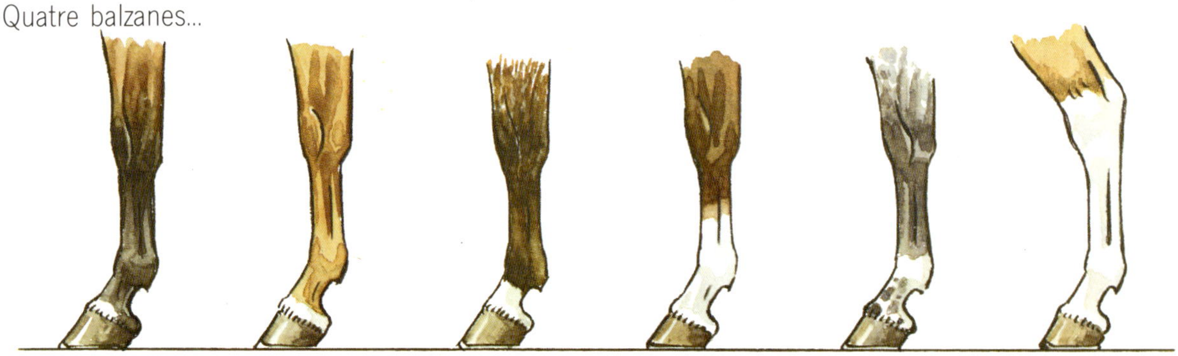

cheval bai
trace de balzane
antérieure gauche

alezan
principe
de balzane

rouan
petite
balzane

alezan brûlé
grande balzane
bordée

gris fer
balzane
herminée

alezan clair
balzane p. g.
haut chaussée

3. Description du pied

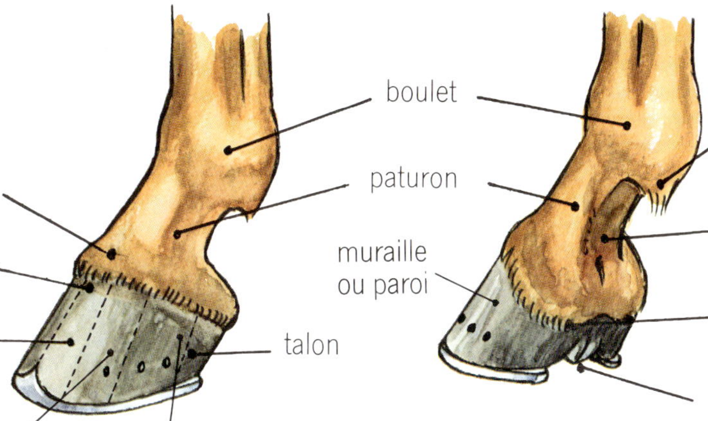

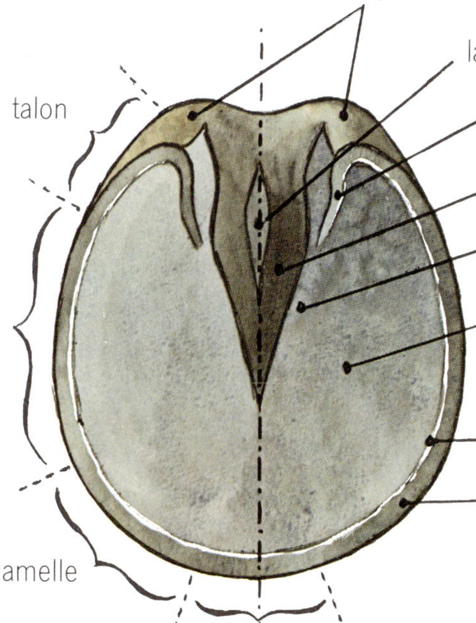

surface plantaire du pied

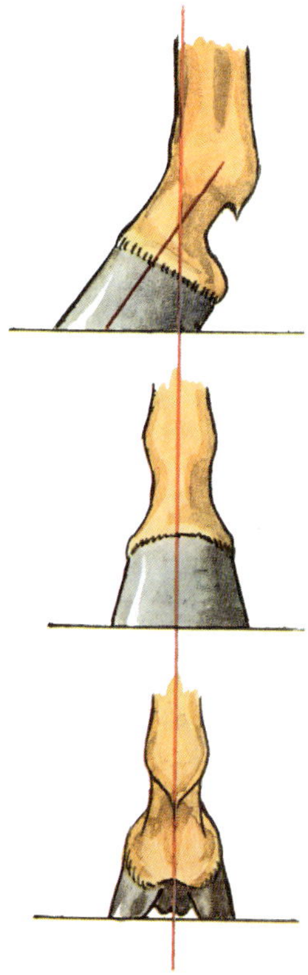

aplomb du pied

4. Hygiène - Pansage

Utilité, exécution, matériel de pansage.

Le pansage est un **nettoyage** de l'ensemble du cheval : peau - poils et crins, et un **massage** musculaire qui procure un grand bien-être. Le pansage se fait tous les jours. Il a pour but :

- de **faciliter** les sécrétions de la peau en la débarrassant des corps étrangers qui la souillent,

- de **vérifier** chaque jour l'absence d'anomalies, boutons, blessures, déformations naissantes.

Le pansage se fait au moins une fois par jour, de préférence après le travail, et dehors toutes les fois que la température le permet, en utilisant, dans l'ordre, le matériel suivant :

- le **cure-pieds**
pour nettoyer la face plantaire
dégager la fourchette et ses lacunes.

- l'**étrille** mécanique ou en caoutchouc,
uniquement pour les parties charnues,
et dans tous les sens
pour gratter et décoller le poil.

- la **brosse en chiendent** ou **bouchon**
pour enlever le plus gros de la poussière,
brosser les crins, la crinière et la queue.

- la **brosse en soie** ou **brosse douce**
pour finir d'enlever la poussière
sur tout le corps, la tête et les membres;
il faut la manier en trois temps :
1 - à rebrousse-poil pour faire sortir la crasse,
2 - dans le sens du poil pour retirer la crasse,
3 - sur l'étrille pour décrasser la brosse.

- l'**époussette**
sur tout le corps pour lisser et faire briller.

- l'**éponge humide**
pour laver les yeux et les naseaux,
puis la queue, l'anus et le fourreau.

5. Soins aux membres et aux pieds - Rôle de la ferrure

Les membres et les pieds du cheval doivent être l'objet d'une attention particulière et constante. En arrivant à l'écurie, le premier souci du cavalier est de vérifier leur état.

SOINS AUX MEMBRES

En passant la main sur le canon, les tendons, le boulet, le paturon, la couronne et le sabot, le cavalier s'assure qu'il n'y a pas de **chaleur,** d'**engorgement,** de **sensibilité** ou de **déformation.** Sinon, cela peut annoncer une boiterie plus ou moins grave.

Après le travail, il lave les membres du cheval avec une éponge mouillée, ou avec un jet réglé doux, surtout s'ils sont couverts de boue. Il les sèche ensuite avec soin, pour éviter les crevasses.

SOINS AUX PIEDS

Au pansage, avant et après le travail, il nettoie et cure les pieds; éventuellement, il lave à l'éponge la paroi et la face plantaire.

Le cavalier s'assure qu'il n'y a pas de corps étranger dans le pied, que les fers ne sont pas cassés, ébranlés ou usés, qu'il ne manque pas de clou, que les rivets ne dépassent pas la paroi.

Périodiquement, le cavalier graisse la paroi avec un onguent spécial, ainsi que la fourchette, pour conserver au pied sa souplesse.

RÔLES DE LA FERRURE

Grâce à l'élasticité du sabot, le pied remplit à la fois trois rôles : c'est un organe d'**amortissement,** d'**appui** et de **propulsion.**

A l'état naturel, l'usure du sabot correspond à sa croissance. Mais quand le cheval travaille, marche sur routes ou fait de longs trajets cette usure s'exagère : pour préserver le sabot et lui conserver sa forme et ses fonctions, on le protège en y adaptant un fer.

La ferrure doit être renouvelée tous les trente ou quarante jours.

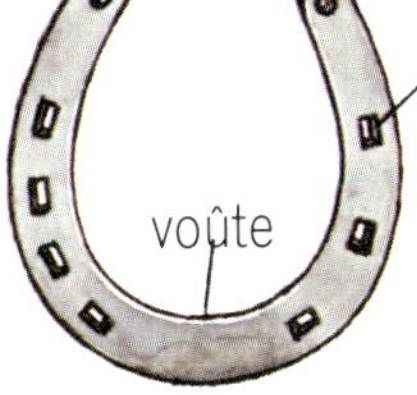

face inférieure d'un fer au contact du sol

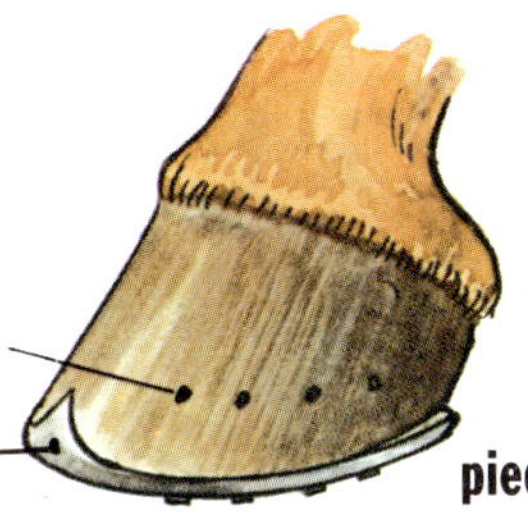

pied ferré

face supérieure du fer au contact du pied

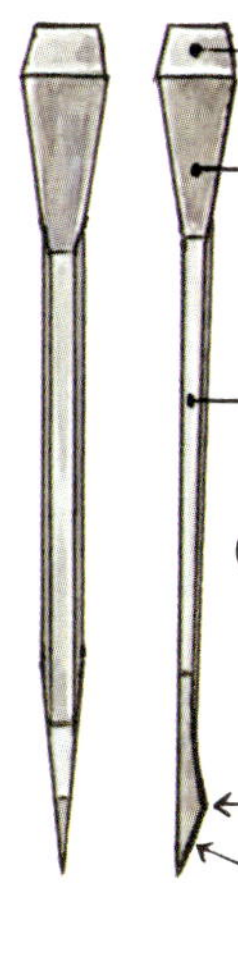

clou à cheval

6. Litières - Entretien

Chaque cheval doit avoir une litière propre,
qui peut remonter sur les côtés pour une meilleure protection.

Elle peut être constituée de paille, de tourbe, de sciure de bois, de bruyère, d'alfa...;
celle de paille de blé est la meilleure et la plus courante dans notre pays.
Propre et abondante, elle assure la santé et le confort du cheval :

- en l'isolant du froid,

- en jouant le rôle d'un matelas élastique qui favorise le repos.

L'entretien de la litière consiste à :

- enlever les crottins au fur et à mesure,

- remettre chaque jour de la paille fraîche sur le dessus,
en laissant la partie inférieure, ou gâteau qui maintient la chaleur
et absorbe les vapeurs ammoniacales qui se dégagent des urines,

- renouveler l'ensemble de la litière et récurer le sol toutes les semaines
ou tous les quinze jours au minimum.

7. Alimentation

ALIMENTS CLASSIQUES

En France et dans presque toute l'Europe, le cheval mange :
- du foin, herbe de prairie, coupée et séchée,
- de la paille, tige de blé, d'orge ou d'avoine,
- de l'avoine, en grains, de couleur blanche, grise ou noire.

Que l'on peut remplacer par des denrées de substitution :
- fourrages de prairies artificielles, luzerne, sainfoin, trèfle,
- orge, blé, maïs, seigle, riz, etc.

RATION JOURNALIÈRE

C'est la quantité moyenne de nourriture nécessaire pour une journée.
Elle varie avec l'âge, la taille, le volume et la race du cheval,
avec le travail qui lui est demandé et avec la température.
En moyenne, il faut à un cheval de selle de 1,60 m pesant 400 kg :

4 kilos de foin, 4 kilos de paille, 4 kilos d'avoine (entière ou aplatie).

La ration est distribuée régulièrement trois fois par jour, au moins,
ou mieux en un plus grand nombre de repas
: parce que le cheval a un petit estomac,
et qu'il ne peut absorber que peu de nourriture à la fois,
sans quoi il ne digère pas complètement toute sa ration;
le repas du soir sera le plus abondant.

ABREUVEMENT

Le cheval boit souvent et beaucoup (environ 40 litres par jour).
Il faut lui assurer un minimum de trois distributions;
l'idéal est qu'il puisse boire à volonté,
dans un seau toujours rempli ou dans un abreuvoir automatique.

Attention à ce que l'eau soit propre : le cheval est difficile,
il refusera une eau trouble, croupie, malodorante.

Quand il a chaud, il faut lui "couper l'eau," c'est-à-dire
ne le laisser boire que par petites quantités,
et éviter de lui donner de l'eau trop froide.

Faire boire après la ration de foin, avant celle d'avoine.

ALIMENTS COMPLETS

Présentés sous forme de granulés, contenant avoine, foin et autres aliments,
même valeur énergétique et nutritive que les aliments classiques, sous un volume moindre.
La ration indiquée par le fabricant doit être adaptée aux différents chevaux.

Ces aliments réclament un abreuvement très abondant et une ration de paille importante
pour compenser leur volume réduit.

REMARQUE : il est bon de savoir que :

- 1 kg d'avoine entière représente un volume de 2 litres,
- 1 kg d'avoine aplatie représente un volume de 3 litres,
- 1 kg d'orge entier représente un volume de 1 litre et demi,
- 1 kg d'orge aplatie représente un volume de 2 litres et demi.

Ce manuel officiel de préparation
aux brevets fédéraux Étrier et Éperon de Bronze
a été rédigé par la Commission d'Instruction
de la Fédération Française des Sports Equestres
présidée par :
le lieutenant-colonel de Boisfleury, Ecuyer en Chef
puis par le lieutenant-colonel Bouchet, Ecuyer en Chef

et composée de :
Général Babron
Chef d'escadrons Boyot
M. Pierre Chambry
M. Denis Charpentier
Madame de Croutte
Chef d'escadrons Hamon
M. François Lucas
Chef d'escadrons Moulin

Illustrations de Pierre Chambry - Ecuyer-Professeur

JUILLET 1975

Achevé d'imprimer à Mateu Cromo - SP/Paperitas S.A.R.L. Paris

LES OUVRAGES DE LA FEDERATION FRANÇAISE D'EQUITATION

Pour les examens, pour se perfectionner dans les différentes disciplines, la Fédération offre un choix de titres ainsi que les divers réglements ''Fédération'' - ''Examens'' et ''Compétitions''. Voici quelques exemples de titres.

SQUELETTE, EXTÉRIEUR

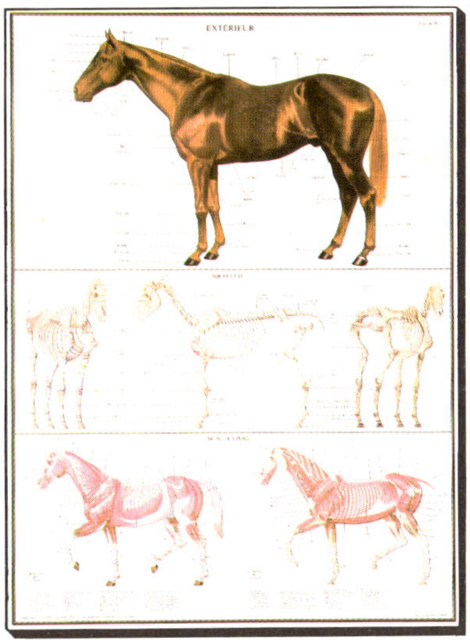

TENDONS DE CHEVAL, TARES

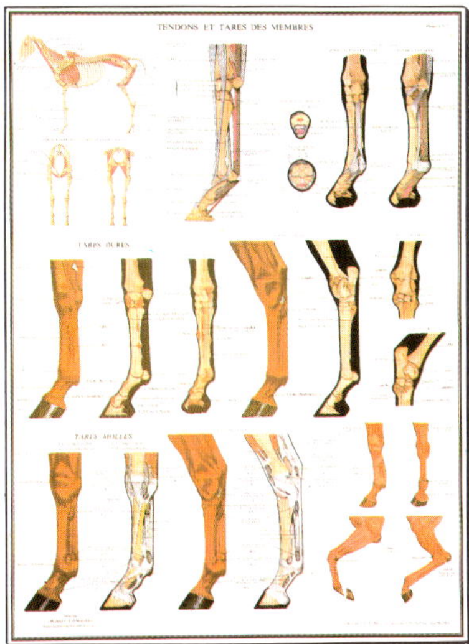

PLANCHES HIPPOLOGIE

format 100 × 75, ces planches constituent une documentation pédagogique remarquable ; également un élément de décoration.

CATALOGUE pour recevoir une documentation couleurs, envoyez votre adresse aux Editions Lavauzelle - 20, rue de Léningrad - 75008 PARIS

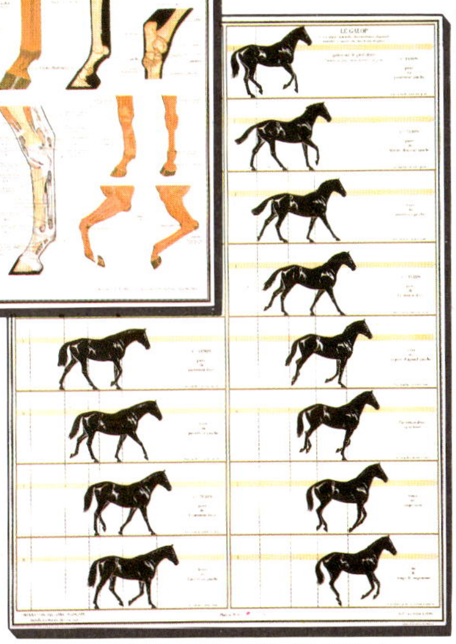

LES ALLURES DU CHEVAL : LE PAS ET LE GALOP

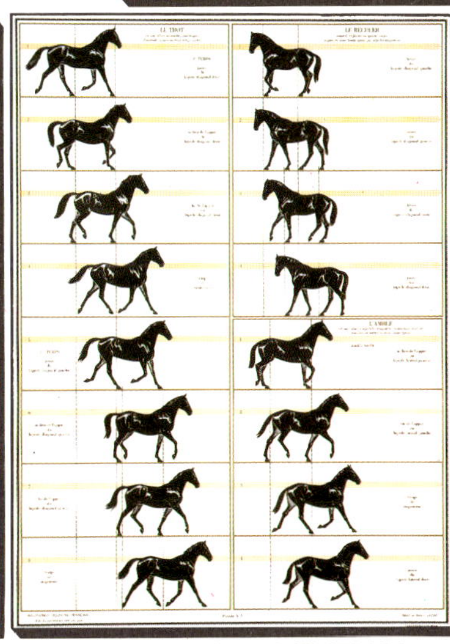

LES ALLURES DU CHEVAL : LE TROT, LE RECULÉ ET L'AMBLE